自治体の政策研究

森　　啓

地方自治土曜講座ブックレット　No. 2

――はじめに――

この講座は地方自治土曜講座というタイトルであります。私の言い方で言わせてもらえば、これは何も私だけではないと思いますけれども、この講座は地域社会の課題を見詰め、それを実現し解決して住んで誇りに思える魅力ある地域をつくり出すための理論を考える講座であります。日本列島は今、産業構造が変化して情報産業が大きなウエートを占め、異常な人口集中の都市地域と深刻な過疎地域とに分極化しております。役場市役所の方々が地域の未来を展望するには、現在の位置を確認する座標軸を定め未来を展望する理論が必要です。

それは自治体理論です。

既成の理論は官庁理論、お役所の理論です。かつて東京帝国大学に「国家学会」という学術雑誌がありました。今もあります。その国家学会に論文が載ることが旧帝国大学時代の学者として一流であると考えられていました。これは象徴的なことでありまして、つまりかつての学問は国家を理論枠とする国家学でありました。ところが現在の日本は「異常な過密」と「深刻な過疎」

に分極化しております。現在の日本に必要なのは地域から発想する自治体学の理論であります。

戦後五十年にしてようやく、憲法が当初予定していた自治体も政府であるという理論構成がなされる時期に入ったのであります。

1　自治体に政策研究の潮流が起きている

まず最初に自治体に政策研究の潮流が起きていることを話したいと思います。

北海道町村会発行のこの「フロンティア180」には「市町村職員のための政策情報誌」と書かれています。例えばこのように「政策」あるいは「政策研究」という言葉が自治体に広がりつつあります。これはなぜなのか、この問題を考えてみたい。

自治体に政策研究の波

この波は自治体が地域の政府になろうとする胎動を示すものです。

戦後五十年、ようやくにして自治体に、省庁が定めた政策の「末端執行機関」の位置から自前で政策を策定し推進する「地域の政府」へと、自らを転換するうごきが出てきたのだと思います。また、そのような「志」をもち、自らの能力をたかめようとする自治体職員が一定の層となって全国各地に胎動しはじめています。

自治体の政策研究の裾野のひろがりを示すものは、職員による自主研究グループの全国各地における叢生です。自主研究グループの数は全国で二〇〇〇とも三〇〇〇とも言われております。今後さらに量的にも質的にも拡大充実していくでありましょう。北海道の各地にも学習会がはじまっています。

しかしながら、自治体の政策研究の波はこのような自主研究グループのひろがりだけではありません。政策研究の「組織」や「制度」を設置する自治体が増えております。

たとえば、政策研究室（愛媛）、政策研究班（福井）、あるいは職員研修所を拡充した研究部の設置（神奈川、北海道）、あらたな構想にもとづいてシンクタンクを設立する自治体（静岡、埼玉）も増えています。地域の研究所や大学、さらには市民団体とも連携して地域独自の政策課題を研究するうごきがはじまってます（兵庫）。さらには「政策情報の交流」と「研究成果の発表」のためにあらたに「研究誌」を発刊する自治体も増加してます。そして「制度」や「システム」は、いまだ設置してはいないけれども、ほとんどの自治体で地域独自の政策課題を研究するために既存の組織や制度を見直すうごきがはじまっています。

さらに他方では、地域の市民団体や青年会議所が、住んで誇りにおもえる魅力あるまちづくりを標榜し、独自の政策構想づくりに熱意を示しはじめています。

地域と自治体におけるこのような政策への関心のたかまりは何を意味しているのでしょうか。これは、焼野原から出発した自治体が、「学校や住宅」「橋や道路」などの整備事業が一定の水準に到達して、ようやく「美しいまち」「魅力のある地域文化」「個性のある地域環境」を求めるようになってきたからであると思います。つまり、自治体の政策の重点が、中央省庁が定めて補助金や通達とともに降りてくる全国画一的な量的整備事業から、地域独自の質的なまちづくりへと移行したからです。

自治体は政策研究の時代に入ったのです。

職員研修所も政策研究

職員研修所にも変化が起きております。研修所が「公務員の養成所」から、「政策能力のある職員が育つ所」に変わりつつあります。つまり、政策能力をもつことを目指すカリキュラムに急速な勢いで変わっています。私のところへもこういうふうにいろんな研修所から「業務概要」が送られてきます。どれを見てみましても「政策研究」です。富士市のはこんなに厚いものです。来年度の研修体系というところには政策研修・課題別研究がズラリと入っています。東京足立区の研修所、それから大阪の堺市、兵庫の尼ヶ崎市、北九州市は全国の研修所のなかでトップレベルの水準です。時代転換に敏感な研修所はいずれも政策課題の研究に重点が移っております。自治大学校も政策課題研究に重点を移しつつあります。当初出発をしたときは地方自治法であるとか公務員法というような法や制度を自治省の人達が教えていました。ところが今は、政策課題研究の研修になっています。自治大学校が編集をしております「自治フォーラム」も政策課題研究に変わっております。皆さんのところの研修もそういうことであると思います。

私も江別市にあります道の研修所に参りますが政策課題研究の研修が増えております。

それからプロジェクトチームが盛んになっていることです。この動向はちょっと前になりますが七〇年代の後半から自治体に広がりました。例えば、神奈川県の県民部はプロジェクトチームで「県民参加システムの研究」をやりました。「参加を県民に求めるのならば政策判断をする政策情報の提供が必要である。情報を提供しないでおいて参加を呼び掛けるのはジェスチャー・口先だけである」として「県民参加には情報公開が不可欠である」と提言しました。「瓢箪から駒」という言い方がありますけれどもその提言を知事がやろうということになった。「神奈川県が情報公開条例の検討に着手」と全国紙に一面で大きな記事になりました。プロジェクトチームの研究報告が自治体に情報公開条例の潮流をつくったのですね。これは「公文書公開」であって、当初言っていたような官庁革命や行政システムの革命につながるというような情報の公開には発展しませんでしたけれども、しかし公文書公開でありましても情報公開条例ができたことは画期的な動きでありました。

そのような政策開発の動きが全国各地に起きました。これはなぜなのか。まちづくりには自前の政策能力が必要であるからです。これまでのように、中央省庁から縦割りで降りてくる政策を末端でやっていくだけでは駄目なのだ、という考え方が広がりはじめたから政策研究という動きが一斉に自治体に起きてきたのだ。そう言えると思うのです。

そしてそのことは、同時に地域と地域の間にうんと格差が広がることになります。地域と地域の間に格差が広がるというのは、魅力的ないい町になるところと雑然としたつまらない町のままであるというような格差が広がると言う意味です。その格差はまちづくり能力の差によって出てきます。なぜまちづくり能力の差によって地域間に差が出るかと言えば、政策課題が量的な基盤整備事業から質的なまちづくりに変わっているからです。全国画一の省庁政策では画一・均一に都市基盤の整備はできても個性のあるまちづくりはできません。質の時代のまちづくりは地域の特性に合ったオリジナルな政策を構想することができて、それを実践する手法を開発して、住民と提携することのできる職員がいなければできません。つまり政策能力のある職員がいるかいないかでまちづくりに格差が生じる時代に入ったのです。

そこで、戦後五十年をふり返って政策課題がどのように変遷してきたかを確認してみましょう。

2　戦後五十年―政策課題の変遷

一九四五～六〇年　戦災復興と戦後改革の時代

一九四五年、昭和二十年はポツダム宣言―戦災復興の時代です。

バラック住宅、青空教室、外地からの引揚げ、自治体財政は四割が赤字、シャウプ勧告で地方交付税制度がはじまった時代でありました。五二年に八千人のローラーで市町村合併、昭和の大合併です。五五年に社会党の右派と左派が統一し保守も合同していわゆる五五年体制。五六年には経済白書が「もはや戦後ではない」。五九年にエネルギー転換で三井三池の闘争、安保闘争。池田内閣の所得倍増政策。給料が倍になるかと錯覚をするが国民総生産という経済枠の拡大政策で物価高のインフレ。

一九六〇～七〇年

高度成長―公害―住民運動―革新首長の時代

高度成長で日本全体が公害列島。戦前から官に刃向かうことを厳しくとがめられてきた「皇国の民」と言われた日本人も、やむにやまれぬ住民闘争・公害反対闘争が各地に激発して革新首長の登場となる。六三年の統一地方選挙で横浜、大阪、京都、北九州に革新市長が誕生して戦後自治体政策自立の歴史の第一ページがめくられた。革新首長が議会は少数与党ながら住民パワーを背景に公害問題に取り組み、高度成長で増えた所得の再配分という福祉政策、公害と福祉の問題で自治体が独自の先導的な政策を始めた。

横浜の飛島田一雄市長は一万人市民集会で直接的な市民参加のイメージを喚起する。都市問題が各地で頻発、し尿・ごみ問題・住宅・交通問題。しかし国家を挙げての産業復興政策に自治体は協力させられ新産業都市建設促進法が制定され指定を求めて霞ヶ関に群がった。当時の革新理論は国家独占資本主義体制とこれを批判した。国家権力と独占資本が力を合わせる国家独占の体制にはいったと。六四年、河川法と道路法を改正してそれまで知事の権限であった道路管理権、河川管理権を建設省に吸い上げる。戦前型の中央集権が戦後民主主義で一旦緩んでいたものを、再び中央に権限を集中するので学者は「新中央集権主義の時代」と言った。

しかし他方では、六四年に三島・沼津のコンビナート反対運動が起きて市議会も誘致反対を決議をする。それは四日市に視察に行ってコンビナートの建設は住民の健康や福祉にとってマイナスが多いことを市民学習運動が明らかにしたからです。横浜市で公害防止協定。横浜市長はテーブルのこちら側に、向こう側には京浜工業地帯の企業群の代表者が座る。それは行政機関の長が住民側のテーブルに着いた象徴的な場面（シーン）であった。通産省は自治体の工場立ち入り権は経営権の侵害であると批判する。水俣問題では厚生省、環境アセスメントでは建設省、省庁はいつも企業側の代弁をする。釧路市は企業誘致のための「固定資産税免除条例」を廃止決議。これに対し訴訟がおきた。

東京オリンピックと東海道新幹線開通という戦後日本の高度経済成長の象徴的なニュースは一九六四年であった。若年労働力を補足するため中学生の集団就職を受け入れるお手伝いをするのも当時の自治体の仕事であった。

次いで、六七年の統一地方選挙で東京に美濃部都知事が当選。革新首長時代を象徴するエポックであった。同じ年に首都圏革新市長会がつくられた。六八年東京都はシビルミニマムによる中期計画を策定する。自治体の政策自立の画期である。横浜市は住宅開発ブームに対して宅地開発指導要綱を策定する。要綱は市民のルールであり市民自治の法である。だが建設省は要綱行政は憲法違反であると攻撃した。北海道においては池田町が十勝沖大地震から立直る地域づくり政策として十勝ワインに成功する。

六三年と六七年の統一地方選挙で登場した革新首長によって「開発規制」「ゴミ」「公害」「福祉」で国に先がけて自治体が先導政策をとりはじめた。先導政策は住民運動が革新首長を誕生させたからである。これに対して、田中角栄さんがこのままでは都市部において自民党の見通しはないと「都市計画大綱」つまり自民党としての都市政策をつくったのが六八年。

六九年には公害防止条例を東京都がつくる。老人医療の無料化もやる。全国がそれにつづく。

六〇年代、自治体は苦心をしながら都市問題を解決するための独自のまちづくり政策を考え出し実行した。あの時期、自治体は知恵を出したんですね。

自治体の政策研究の流れを理解するために、歴史的に振り返る必要があるので駆け足でしゃべっております。

参加の時代・地方の時代・文化の時代
一九七〇〜八〇年

七〇年、全国革新市長会が「都市づくり綱領」を発表。仙台市は公害市民憲章、川崎市は建築協定条例、武蔵野市は市民生活環境指標、京都市は景観条例、横浜市は日照指導要綱。そして練馬区から始まった区長準公選条例運動は品川区でその条例がつくられる。

七二年、北海道では旭川市が国道を買物公園にしてまちづくりの衝撃波を全国に伝えた。

七三年、大阪府が知事部局に文化振興室を設置した。自治体文化行政の始まりである。

石油ショックで自治体財政が逼迫し、行政政革が唱えられるに至る。

七四年、帯広市民の森構想がスタート。

七五年、東京特別区は二十三年ぶりに区長公選が復活する。

七六年、川崎市が環境アセスメント条例を制定。

七七年、釧路幣舞橋に「道東の四季像」が市民と行政の協働で完成する。お披露目の当日は市民の歓呼で沸き上がった。市民がわがまち釧路の原風景をつくり出したのです。

同じ年に斜里町の知床一〇〇平方メートル運動が全国にこだまして広がった。

七八年、地方の時代シンポ。「地方の時代」は流行語となった。

七九年、全国文化行政シンポジウム、文化行政が時代の潮流となって全国に広がりました。

北海道では環境アセスメント条例が制定され掛川市は生涯学習都市宣言を行なった。

つまり、七〇年代は首長のリーダーシップによる自治体独自のまちづくり政策が一斉に展開された時代でありました。

一九八〇～九五年　都市型社会の成熟

工業化・都市化が進行して都市的な生活様式が農村にも山村にも一般化して日本社会の構造が農村型から都市型に変わりました。一方に異常に人口が集中する過密都市と他方に先行き深刻な過疎地域とに分極化して前例のない公共政策課題が噴出する時代に入ったのです。

あたかもそれに対応するかの如くに自治体職員による政策研究活動が一斉に始まりました。七〇年代を首長のリーダーシップによるまちづくり政策の時代と位置づけるならば、八〇年代は自治体職員による政策研究の時代であると言えます。

八〇年から今日までのまちづくり政策は、末尾の「年表」を眺めていただきたい。さらに詳細は「地方自治センター」が刊行した「資料・革新自治体」(日本評論社)を参照することをすすめます。八〇年代で注目すべきことは自治体職員が研究者・学者・市民と連携して「実務と理論の出逢いの場」として自治体学会を設立したことです。

北海道では本年(一九九五年)七月、ニセコで北海道自治体学会が設立されます。そして本講座は当初の百名定員をはるかにこえて三百五十名の受講申し込みがありました。それは以上に眺めたような政策自立の潮流が背景にあるからだと思います。

戦後五十年を振り返ってみますと、「量的な都市基盤整備事業」、道路であるとか住宅であるとか学校の建設、河川の護岸などの都市として必要な基盤整備事業がほぼ一定のレベルに到達して、アメニティ、潤い、歴史・文化を大切にする「質的なまちづくり」に重点が移っています。都市デザイン、景観、観光、町並み、緑化、水辺風景というような政策課題に移っています。それは住んでいる方々が自分の町を誇りに思える地域に再生することをめざしているということです。

そうなりますと、オリジナルな独自のまちづくりをやっていく能力のある職員が自治体に育っているかいないかがキメ手になります。「前例に従って万事無難に大過なく」「現行制度上やむを得ない」というういわゆるぬるま湯の地方公務員では光輝く魅力のあるまちづくりはできない。レジュメに「地域間に格差が増大する時代」と書きましたのはそのような意味です。

以上概観したように、自治体の政策自立は歴史の必然的な流れとして明白であると言えます。

3　都市型社会

分権とは自治体が政策の主体になること、つまり政府になることです。松下圭一先生は分権化と国際化が進行する都市型社会においては政府は三つに分かれると論証されています。すなわち

「自治体政府」と「国レベルの政府」と「国際機構」です。明治憲法以来の国家を中心にした主権国家の理論では現代の都市問題を解決することはできません。

文化のまちづくり

憲法は第八章に地方自治を定めた。だが、憲法は変わったけれども戦後五十年、行政の流れは変わらなかったわけです。ところが、政策課題が質に移って自治体が自前でまちづくりを行う時代に入ってきた。自治体が政策の主体つまり政府になった。北海道は札幌圏以外はとめどもない勢いで過疎化が進んでいます。先行き不安な過疎の進行する北海道の各地を魅力のある地域社会によみがえらせる政策が求められているワケです。しかしながら経済の論理で過疎が進行しているのでありますから、つまり産業構造が情報産業化する中で過疎と過密に分極化しているのでありますから、経済的活性化方策をいくら模索しても名案は出るものではない。企業誘致を考えても、地元の雇用を必要としない情報産業になっておりますから地域に活力をよみがえらせることにならない。過疎のまちづくりは異質の価値軸を考えなければならない。すなわち、文化軸のまちづくりです。文化軸のまちづくりとは、生産・経済、モノとカネの価値観を、美しさ・たのしさなどの計量化できない人間ならではの価値を重要と考える価値観に転換することです。

戦後五十年、戦災で疲弊した中で経済発展の道を真っしぐらに進んできた現在の六十～七十代のお年になっていらっしゃる方々にとっては、経済以外の活性化策があるとは到底考えられないでありましょう。「文化のまちづくり」とはそれは何のことだということになります。

しかしながら、時代のキーワードは「文化」です。

座標軸──変化の認識

自治体は戦後五十年、どのようなプロセスを経て今日に至ったか。未来を見通すには座標軸が必要です。座標軸を設定するには以上述べてきたような変化の認識が不可欠です。一九九五年という現在の位置を見つめ何が問題であるのかを見すえるには、戦後の五十年間が、どのように変化してきたかの認識が必要です。日本列島は、日本社会は、私たちの価値観は、生活意識はどう変わったのか、変わっていないのは何であるのかを見定めることです。例えば「家族」です。河野洋平さんは自民党の政策の基礎を家族のきずなに置きたいと新聞で言ってました。国連も国際家族年です。全世界的に先進工業国では家族が問題になっています。生活の基礎は食事ですね。家族が一緒の時間に同じものを食べている光景が今の日本にどれくらい残っているでしょうか。かつては、おじいさん、おばあさん、父、母それぞれ座る場所も決まっていて同じものを食べていた。そこに共同体の意識も培われた。今は時間も違う、食べるものも違う。生活の一番基本的なところが変わっている。

地域の風景も変わった。景観、まちのたたずまい。今から二十年前、三十年前はどうであったか。写真で撮っておけばよかったわけだけれども、まるで変わってしまった。そして、美意識も失われてしまっている。かつては風景への美意識があった。産業構造も変わった。農林水産という第一次産業がすごいスピードの高度成長で激変した。鉄は文明のバロメーターだと言ってアメリカを越えたと喜んでいた。ところが溶鉱炉を止めた。今は製造業は海外に資本輸出して海外で生産して日本に輸入する。この方が利益が上がる。産業構造の空洞化が生じている。一朝事あるときは大変な問題になる。

目に見えるものや産業構造だけでない。人々の心のあり方、何を価値と考えるか、これも三、四十年の間に変わってしまった。価値観、生活スタイル、考え方が異邦人のように変わった。かつての日本人には共同体の感情があった。今はモノとカネの我利我利亡者になっている。

日本の父や母は、可愛いい吾が子の感性を開花させるかけがいのない幼少時期を塾に通わせて枯らせている。偏差値教育で有名大学に入るには仕方がないんだと言っている。子供をいじめているのではない。終身雇用・年功序列の日本では、寄らば大樹、安定した企業に就職させて収入が得られるようにしてやりたいからです。

幸福感、感性、価値観、生活様式が変わったという認識がまずあって、地域再生の方策を考えることが必要です。つまり、社会の構造が変わったという認識を前提に自治体理論をつくらなければならない。

農村型社会から都市型社会へ

日本列島は「都市型社会」に変わった。ながらく農を基本にした社会であったが都市的な生活様式に変わった。工業技術文明的な生活様式が全般化した。産業構造が情報産業に移って都市的生活様式が農村地域にも僻地にも行き渡って、制度・仕組み・価値観・習俗が農村型から都市型に変わろうとしている。

日本だけではない。先進工業国はみんな社会形態が変化した。人類は二回目の大転換に入っているという認識が必要です。黒板に図を書いて考えてみますと、気の遠くなるような未開社会がつづきました。そして、石器時代。そういう時代を経過して第一回目の大転換がはじまる。農のはじまりです。農業技術革命です。古代人は農業技術を手にした。日本の稲作技術はいつどこから渡来したのか。これは古代学の問題です。この地点から定着農業のはじまりです。食べるものが確保できる技術によって定住して社会を組織するようになる。社会の仕組み、制度、慣習、おきて、収穫の祭、娯楽、そういうものがつくられ農を基本にした文化が成熟する。そして二千年が経過した。ヨーロッパは五千年、中国はもっと。そして次のうごきが始まる。工業のはじまりです。これが人類史の流れです。農を基本にした社会の上に築かれてきた価値観、社会規範、制度、共同体の感情、そういうものが崩れ、壊され、失われて都市的生活様式が全般化し情報社会に移行した。「農村型社会」「都市型社会」という言い方は松下先生が作った用語です。「政策型思考と政治」（東大出版会）には、農村型社会から都市型社会への移行過程が説明され社会構造の転換が政治・行政の理論前提であると指摘されています。只今のはなしはその紹介であるわけです。

市民的公共性

神島二郎さんという有名な政治学者をご存じでしょう。立教大学の先生で有名な人です。その先生が八六年に徳島で第一回自治体学会を開催したときに、「自治体職員の能力」という分科会に座っているんです。私はそのとき司会をしていて気になるわけです。神島先生がどうして「自治体職員の能力」の分科会に来ているのか、休憩時間にそばに行って妙な言い方ではありますが「先生、どうしていらしているんですか」とごあいさつをしたら「私は長い間、日本社会の政治を研究してきた。日本の社会は村落共同体・家族共同体によって支えられ保たれてきた。ところが急激な工業化と都市化によって共同体は崩壊した。だが、社会は、支えつなぎあうものがなければ成り立たない。共同体に代わるものは何であるのか、それが見えない、それを見つけたいのでここに来ているのですよ」と言われたのです。

そのときは「そうですか、そういうものですか」という感じで聞いていました。ところが最近、そのことが妙に思い出されて、神島二郎先生が捜していたものはこれだという思いがしております。それは何か。農村型社会の「共同体」に代わって社会を支えるものは「市民的公共性」である、ということです。

都市型社会は市民の成熟を促します。都市型社会の理論には市民概念を必要とします。理論的に必要だからではなくて実際に市民の登場が見えなければならないと思います。これまでの官庁理論には被治者としての「住民」概念しかありません。住民は被治者であって受益者であって政策の主体ではない。これが官庁理論です。都市型社会の自治体理論には自治の主体を設定することが不可欠です。これまでの理論は、住民は行政サービスの受益者という設定です。例えば、「住民参加などと言っても、住民は政策判断もできないし目先のことしか言わない。住民参加などと体裁のいいことをいってもダメだ。我々行政のプロが政策を決めなければなにごともうまくゆかないのだ」と言っているのがお役所です。しかし行政のプロと威ばっているその公務員も、三年単位で人事異動します。係長から課長へ、課長から部長への人事・昇格が最大の価値になっている公務員であるのですから威ばるほどの内容はありません。都市型社会における行政職員の専門性は別の場で考えることにして、「住民」ではなくて「市民」が事実として社会に登場していることが見えなければならない。住民は自己利益で行動する。市民は公共感覚をもち公共性を行動原理とします。自治体理論には市民概念が必要です。現に地域社会を動かしているのは動かしはじめているのは市民であるとの認識が重要です。

例えば、私は何日か前に月形町に行きました。月形町にも政策勉強会がはじまっています。月形の町を魅力あるまちにするには何からはじめればよいのか、地域の方々と役場職員が勉強を始めていました。愛別町にも場外舟券売り場反対運動から端を発して町の未来をつくろうという町民の勉強会がはじまっています。白老町にもニセコ町にも釧路市にも、滝川市にも南幌町にも紋別市にも伊達市にも旭川市にも政策勉強会が始まっています。この二ヵ月間で私が顔を合わせたところです。

「市民の公共性」がかつての「共同体」に代わって社会を支えるのです。

4　自治体理論

理論とは物事の認識を発展させるために順序を立てて組み立てた考え方です。考えるというのは言葉で考えるわけです。理論的に考えるには概念が必要です。とりわけ中心になる基礎概念が重要です。農村型社会の官庁理論から都市型社会の自治体理論に転換するには、つまり国家による統治支配の理論を都市型社会にふさわしいまちづくりの理論につくり変えるには「基礎概念の再定義」が不可欠です。

行政概念の再定義

行政概念を例にして考えてみましょう。これまでの官庁理論では「行政とは法律の執行である」と定義します。国家の統治作用を立法、司法、行政と分けて、国会は法律をつくる、裁判所は法律についての争いを裁く、行政は法律の執行である、と説明します。「立法」、「司法」、「行政」、三権分立、チェックアンドバランスで人権は保障される。大学においてもこのように講義されてきました。

しかし、都市型社会においてはこのような行政の定義は実態に合わなくなっています。正当とは言えません。具体的な例で考えてみましょう。

去年の夏は暑かった。埼玉県のある市の職員が「おばあちゃん、厚生省のお達しでは生活保護を受ける世帯がルームクーラーを認められるのは、まちの六〇％以上がルームクーラーを入れるようになってからなんです。このまちはまだそこまでいっていないからルームクーラーを撤去するか、生活保護を打ち切られることを覚悟するか、どっちにする」。こう迫ったと新聞・テレビで報道されました。世論は「何と冷酷な杓子定規な地方公務員であるのか」と批判しました。

法律規則・通達どおりにやっているからです。生活保護の担当公務員は行政とは法律規則を執行するものだとの官庁理論に縛られているからです。「情においては忍びない、やりたくない、やりたくないけれどもしょうがないんだ」と思ったのでしょう。おばあちゃんをいじめてやろうとしたわけではない。役所の理論にしたがっているのです。会場の皆さん方はそのようなときどう考えればよいのですか。どうすればいいと思いますか。そのようなとき、自治体理論が必要なんですね。これまでは生活保護法の通達どおりにやっていればいいんだと考えていた。しかしそれは間違いです。行政とは法律の執行ではない。行政というのは地域社会をすてきにしていくことだ。福祉というのは幸せになるという意味です。地域の実情、特性に合致した自治体の施行細則・基準を定める。これが最近言われている「政策法務」ということです。福祉の問題、ごみの問題、子供の遊び場の問題、さまざまな現代社会が解決・実現を必要としている政策課題を地域の状況に合わせて妥当に解決することが役場に期待されているわけです。行政とは「法律の執行」ではなくて、「政策を策定して実行する」ことである。

地域社会の実情に即して基準を策定し、それを実行する。それが行政であると考える。

では政策とは何か。公共的な解決手法を必要としている課題と、それを実現し解決する手段とが組み合わされたものを政策という。つまり、政策を策定し実行するのが自治体行政である。

こっちの定義の方がいいでしょう。後で述べるように法律には三大欠陥があります。

以上を正確に定義するならば、行政とは「政策を市民自治的に策定し、市民自治的に実行すること」になります。「市民自治的」にと言ったので「市民」の概念についてもう一度考えておきます。「住民」とは、自分の利益・目先の利害で行動するが、「市民」は公共性を行動基準にすることができる人間型です。市民自治的とは自己利益だけでなく長期的・総合的にものごとを考えることのできる公共性を体得した市民が政策の策定とその実行に参加することです。まちづくりの行動・実践にかかわる中で「住民」が公共性を体得して「市民」へと成長していく。それが「まちづくり」です。

まちづくりとは何か、「何か」というのは変な言い方ですが、まちづくりの重要な論点は何であるのかといえば、まちづくりとは住んでいる人々が自分のまちに愛着、愛情、地域を誇りに思う感情を心の内に育てることです。そのような心が育つことがまちづくりの根本になければ質の時代のまちづくりはできない。住んでいる人々がこのまちがどうなっても知ったこっちゃないというのではまちに魅力やうるおいは生まれない。公務員が行政は「法律を執行することだ」では住んで誇りに思えるまちは誕生しない。かつての「共同体」は崩れた。代って「市民的公共性」がまちをつくり支えていく。都市型社会における「地域とのつながり」「我がふるさとへの感情」「地域に対する思い」。それは行政と市民・企業・団体とが協働する中で育つのです。でありますから「行政は市民自治的に政策課題を策定し市民自治的に実行していく」であります。自治体理論には「行政」の概念だけでなく「国家」「政府」「法律」「自治体」「公共政策」「市民参加」などの基礎概念の再定義が必要です。

法律の三大欠陥

松下先生が整理されたことでありますが都市型社会においては法律には三大欠陥があります。

法律というのは全国通用です。都市型社会の政策課題は地域の個性、らしさ、地域事情に合ったまちづくりです。過密と過疎、山村と市街地、都会と農村では課題も解決手法も異ります。それぞれの地域の実情に応じた個性、誇り、らしさ、がある。地域の実態に合わせた都市づくりをする時代であるのだから、全国画一の法律を執行したのでは課題の解決にはならない。自治体行政は個性・らしさの質のまちづくりでありますから全国画一の法律の執行ではまちづくりはできない。自治体は地域事情に合った細則とか基準とか要綱をつくらなければならない。このように考えることは何も国家の法律を無視することではない。自治体も政府です。「自治体立法権」、「国法解釈権」、「自主的行政執行権」を有しているわけでありますから、地域事情に即して国法を具体化する基準をつくる時代に入っているのです。さきほどのルームクーラーの例も地域事情に合った基準を自治的に定め自治体内手続を踏んで、例えば、我が町は市街地が密集していて廃棄熱が高いので生活保護の世帯も全国基準で辛抱する時代ではない、という自治体基準を作ってやっていかなきゃいけないということです。そしてそもそも、生活保護の世帯であっても自身のライフスタイルをもつのは当然であって、家計を何に使おうと勝手ではないか、との考え方が必要です。

二つ目の欠陥は、法律は各省ばらばらであることです。

私は建設省の中央都市計画審議会の委員を昨年まで二年間やっていました。その審議会のときの話をします。事務局から「お手元に配った資料を御覧いただいて『歴史と文化のあるまちづくり』についてご意見をいただきたい」と。私の隣の席の委員が関西のある市の実情を発言した。「建設省の方針では路面電車を撤去せよ、であるけれども、その市は撤去していない。町の中を電車が走っている。今になってみると風景が非常にいい。そこに暮らしている人々にとっては生活のリズムに合った交通手段として喜ばれている。高度成長一本やりのときにはスピードと効率が優先価値であった。建設者や運輸省は車交通の邪魔になるから撤去せよと言っていたが、今はまちの風格、よさ、やさしさ、魅力になっている。まさに今審議しようとしている『歴史と文化のまち』のイメージにピッタリである」、とその委員が言った。そして、「しかし電車は色がはげてみすぼらしい、路面も直さなければならない。停留所も美しく修復したい。電車もリニュアルすればいかほどに歴史・文化のある魅力のあるまちになるかと思うのです」「現在でも路面電車を撤去するならば道路局から莫大な助成金が出るそうですがその三分の一のお金を使わせてくだされればその市の路面電車はリニュアルができて、歴史と文化のまちになるのだけれども」と発言をつけ加えた。私は、都市局の局長サンに「どうなんですか、建設省の内部なんだから道路局と話をなさったらどうですか。都市局は主管局なんだから、何とかならないのですか」と質した。反応は「そんなことはできるはずがない。局と局の間には超え難い壁がある。場をわきまえない発言である」という空気が漂いました。そういうのが実態です。もう一つ実例のはなしをします。北海道のある町で農村改善センターの補助をもらうことになった。だがその町には研修施設が既にある。農村改善センターの研修施設の分はこの際要らない。だから別の施設にしたい、と道庁を通して農水省に言ったら、だめと言われて、どうしてもだめですか、だめなものはだめ、しかし、研修施設は不要だから研修施設の部分（スペース）を別のものに使った。そしたら、その後何回も会計検査院の指摘を受けた。町長が、そんなに言うのならば補助金を返納しようと言って、道庁を通じて農水省に伝えたら「今更それはこまる」とのことであった。つまり、国の法律とその運用は各省ごとのバラバラ、いや各局各課ごとのセクショナリズム的なバラバラ法であるわけです。ところが、今日の都市型社会のまちづくりは、全てが総合行政的な解決手法を必要とする課題ばかりです。でありますがゆえに、国の各省タテ割りバラバラの法律の執行では自治体行政にはならない。質の時代のまちづくりは総合行政でなければできない。これが国法の二つ目の欠陥です。

三つ目は、現在の目まぐるしく変転する社会の中での法律の制定改正は時間遅れです。ですから、法律どおりやっていればいいということは論理的に言っても正当でない。朝令暮改の通達では間に合いません。縦割り省庁が権限拡大のために指示ばかり出しても地域事情に適合しません。

何年か前のことですが、省庁の課長補佐二人と町役場の企画課長二人と大学の先生が、都市問題について討論した。最初のうちは省庁の課長補佐が鼻息荒く全国統計数値を並べ、法律用語をまくしたててリードしようとした。けれども、町役場の企画課長から、何月何日の通達は現場ではこういう問題が起きて、次の通達はこういう問題になり、我が町ではそのために独自の規則をつくって解決をしております。ですから、通達では解決できないのですよ、できない場合はどうすればいいのですかと言ったら、省庁の補佐は何も言えなくなった。これが現実です。全国的な統計数値などというものは、現場のまちづくりには何の役にもならない。国会の答弁にしか役に立たないわけです。地域社会のまちづくり問題は企画課長の方がレベルが高い。

かつては抽象的な概念を連発されると、省庁の人はエライと思い抽象的な用語がよくわからないから黙ってしまった。しかし、今では情報が流通しておりますから役場の課長も抽象用語を承知している。こうなると役場の企画課長の方が理論水準も実践体験も高く広い。はるかに上をいっている。そういう状況になっている。ですから、国法や省庁通達は時代おくれなんです。法律には三大欠陥があることをわきまえた上で、国法は全国基準として尊重して自治体独自の基準や要綱をつくって実態に合ったまちづくりを行う。行政は法律・通達の執行ではない。法律というのは全国的な準則であるという時代に入っている。省庁公務員でも少数の物の見えている人はこのことがわかり始めているんです。問題は省庁公務員よりも地方公務員の方に問題がある。法律どおりにしごとをしなければならないと今もなお思いこんでいるところが問題である。どの法律をどう解釈してどう使うかが自治体職員です。問題は美しく魅力のある地域をどうつくり出すかであって、地域社会の実態はどうであろうと法律さえ守っていれば、ではない。それは倒錯です。しかし、このように考えることができるには「自治体理論」が必要です。

つまり、農村型社会の中でつくられてきたさまざまな規範、慣習、制度、感覚を、すべて問い直し、都市型社会にふさわしい仕組み、装置、システム、考え方をつくり出すことが今求められているのです。以上で休憩に入ります。後半は自治体の政策研究について話します。

5　自治体の政策研究

先日、北海道青年会議所の勉強会で名刺交換をしました。そのとき、肩書きに北海道青年会議所政策研究室長という名刺がありました。つまり、「政策」という言葉や観念は市民や地域のものにすでになっているということです。政策という観念や意識は霞ヶ関だけのものでない時代に入っています。町役場や市役所の庁舎の案内板にも、産業政策課、女性政策課、みどりの政策推進室、政策という言葉が役場、市役所の組織名に登場する時代になっております。これを少し時間の幅をとって振り返ってみますと、明らかに自治体に政策課題にとりくむ流れが潮流として出てきております。これが地方分権の時代潮流であるわけです。

(1) 政策とは何か

自治体の「政策研究」を考えるために、まず「政策」について定義します。午前に申し上げましたように、政策は国家や統治権と結びつく権威的な用語ではなくて、課題と解決方策を組み合わせたものを政策であると定義するのがよいでしょう。したがって、政策研究とは課題を見出し解決方策を考え出すことです。ところが課題の設定は地方公務員がやるものではないというような感覚がながらくあった。公共的な課題は法律・通達・補助金の形で省庁から降りてくるものだとつい考えていた。そのために、自治体行政とは何よりも「課題の発見設定」であるにもかかわらず、「行政は法律の執行である」との考え方と相まって「行政内に政策形成のシステムが整備されず」に今日に至っている。すぐれた政策提案がなされても、ラインの立案権につなぐシステムが制度化されないでいる。したがって、政策研究とはまず政策課題の発見・設定であるとの共通認識の形成から始めなければならない。

次いで、政策研究とは設定した課題を実現解決する「手段・方策を考え出す」ことであります。未来に向かって解決方策を開発することです。したがって、政策研究は政策科学とは異質のものです。地域社会の解決すべき課題を発見する創造的な営みです。未来を目指して価値を探求する行為です。都市型社会は前例のない政策課題を噴出します。政策開発は試行錯誤・トライアンドエラーの営みです。我がまちをよりよい町にするための前例のない方法を模索し開発する営みです。ところで行政学にも「政策研究」という言葉があります。行政学の政策研究は事後的に分析的に実証的に主観を入れないで、客観的に要素分析して、という作業です。

ところが、自治体の政策研究は同じ言葉でありますけれども事後的ではない。まちの事情に応じて問題を設定し、実現達成方策を考え出す。創造的、実験的、模索的な営みです。ある意味で芸術活動みたいな創造の営みです。学問の方法論で言えば物理学ではなくて生物学の手法です。前例のない課題に向かってチャレンジするのが自治体の政策研究です。「それならば、まぎらわしい『政策研究』などと言わないで『政策開発』あるいは『政策提案』と言えばよいではないか」との声もあります。しかしこれには曰く因縁がありまして政策研究になっているわけです。

(2)政策研究という言葉の始まり

神奈川県の自治総合研究センターの研究部長をやっていたとき、全国各地から神奈川県の政策研究の視察にお見えになる。神奈川県の研究活動が、つまり政策研究が全国に伝わっていくことはいいことだ、全国に広がっていくことは翻って刺激や方向の示唆を自分達に与えてくれることになるから神奈川の政策研究が全国に広まることを望みたい。そのために何らかの努力をすべきである。そのように考えて、自治体むけに出されている雑誌の編集長に企画をもちこみ「地方自治通信」「職員研修」「自治研修」で政策研究の特集が組まれました。そのうちの一つ「晨」という月刊誌の八四年九月号で、特集「政策研究へのプロローグ」――いま自治体に新しい波が――の特集がなされました。巻頭の「政策研究の意味と可能性」は田村明と松下圭一両先生の対談でした。その対談の冒頭では「行政内で一般的な言葉としては使われていない『政策研究』という言葉をなぜ使うのか」「新しいイメージで自治体の職員レベルで政策研究という営みがあり得るのではないのか」と話し合われました。その特集号で私も「自治体の政策研究の現状と課題」を報告しました。そして八四年十月十八日に山下公園の見える神奈川県民ホールの六階で「第一回自治体政策研究交流会議」を開催しました。「政策研究」という用語が活字になり言葉となって世間に出ていったのはこのころからです。

「政策研究」という用語になったもう一つの理由は、「政策開発」という言い方で具体性のある政策提案活動を職員研修所で始めると、役所内の各課から、研修機関が政策そのものについて提案し発表するのは研修所としてやるべき権限を越えているのではないか、とクレームが出てくることになるからです。当時は労働組合や議会も職員が政策を提言することについて批判的な空気があったのです。例えば自治労は自治研活動という運動がありましたから反発が予想されました。事実その後倉敷市で「倉敷市における観光行政のあり方」というテーマで職員グループが、倉敷市の観光政策の実態と観光客のニーズを調べて、倉敷市が発展していくために観光行政はこうあるべきだという政策提案のレポートをつくったら、観光課長が研修所にやってきて、研修所はなぜそういうふうに研究結果を印刷物にするのか、何の恨みがあって観光課の所管業務についてとやかく言うのか、なぜ我々がやり玉に挙げられなくてはならないのかと言ってきたのです。このようなこともありますから「政策開発」と呼称しないで、あえて「政策研究」という言い方にしたわけです。

ところが他方では混乱や誤解もあります。職員研修所で「政策研究」の研修が流行になりました。そのこと自体は歓迎すべきことでありますが行政学の「政策研究」との混同であります。例えば研修所で政策研究の研修をやろう、ついては基調講演はだれに頼もうか、あの大学の大学院には政策研究のコースがあるらしいから依頼しようとなります。ところが、行政学の政策研究は特定の政策を事後的・実証的・分析的に調査研究する政策科学です。自治体の政策研究は地域社会の具体的な問題、例えば老人介護問題、都市景観、環境保全、文化、産業、地域の活性化などの待ったなしの課題について、自治体職員がグループで手分けをして、問題設定と解決方策を考え出しその成果を政策提言することですから、行政学とは方向と方法が異なります。

自治体の政策研究は手探り的・模索的な営みであります。しかしそれは、夢想ではなく現場の実態に立脚しているのです。すなわち市民生活の現場・地域社会の現場から問題を発見し行政運営の現場から解決方策を開発するのです。都市型社会の政策開発はこのような現場からの模索が重要です。大相撲国技館の雨水利用システムは東京墨田区の保健所の職員グループが提案したものです。国分寺市では市民とともに「防災のまちづくり要綱」をつくりました。朝日新聞の論壇時評で評価された「神奈川における韓国・朝鮮人に関する研究」は研究成果が書物になりました。それは神奈川県庁職員と横浜市職員が出かけて行って聴きとり調査をもとにしてまとめた政策提言です。

このように全国各地で、さまざまな政策研究の成果が施策に生かされています。この事実をまず申し上げたい。政策研究とは常に模索的に未来に向かって地域社会の課題と解決策を探る営みです。前例がない課題にチャレンジすることです。それが「政策型思考」ということです。政策能力とは課題を見つけ解決方策を考え出す能力のことです。

(3) 政策研究の形態

政策研究にはさまざまな形態があります。

①自主研究

職員による自主的なグループ研究、これは政策研究への自主的な職員参加です。

②チーム研究

研究テーマを定めてチーム員を募集して行う研究、これは政策研究への職員参加を制度化したものであると言えます。

③専任組織による研究

政策研究を目的として設置した組織、たとえば研究部や政策研究室などによる研究です。

④プロジェクト研究

部・課などのラインに設置されるプロジェクトチームによる研究です。

⑤外部のシンクタンクとの共同研究あるいは委託研究

⑥地域の研究所、大学、市民団体との共同研究
⑦自治体が事務局を担当する市民・研究者による市民会議方式の研究

さらに研究の質の上昇とともにさまざまな形態が創り出されるでありましょう。自治体の政策研究の意味を理解するうえでもっとも重要なことは、先ほども言ったように「自治体が省庁政策の下請団体の位置から地域の政策主体に自らを転換しはじめている」ことの認識です。つまり、自治体の政策研究のさまざまなうごきは自治体が地域の政府になるための模索であると言えます。

それは、政策立案権をもつ室・課とはなれたところで、自由な発想で、さまざまに政策を考えだす営みです。そしてまたそれらの研究成果は政策立案に直ちに結びつくものばかりではありません。後にも述べるように、基礎的な「理論研究」もあれば、現状認識のための「調査分析の研究」もあります。自治体が政策の主体になるにはそのような多様な研究の蓄積が必要なのです。

自治体にはこれまで「政府の思想」が欠落していたのだから、まずこれを自らのものにしなければなりません。それには自治体理論が必要です。また政策決定のシステムも装備しなければなりません。さらには行政技術も開発しなければならない。そして政策決定はトレードオフの判断でありますから「課題」も「手だて」もそれぞれ複数の提案をしなければならないでありましょ

う。さまざまな研究成果を積み上げる必要があるのです。さらにまた、前例がないことを決定する体験も積み重ねなければなりません。そのような一連のさまざまな試みと体験が積み重なって「地方行政団体」が「地方政府」になっていくのです。

つまり、自治体の政策研究とは、自治体が政策の主体になるための「思想」「枠組み」「技術」「システム」「課題」「解決方策」の探求活動です。そしてそのような政策研究のなかから人材が育っていきます。

以上が自治体の政策研究であります。

(4)どのような研究がなされてきたか

自治体に政策研究の波が起きてきたのは七〇年代後半に入ってからです。六〇年代に、住民運動のエネルギーを背景に登場した革新自治体において、宅地開発指導要綱や公害防止条例などの環境問題、あるいは老人医療や母子家庭などの福祉の領域において、国に先がけて先導的な政策がつくられ実践されました。

しかしながら、自治体政策自立のうごきが「波」となって起きたのは七〇年代以降においてです。なぜならそれは、すでに述べたような自治体の基盤変化という背景が整ったからです。つまり、六〇年代の住民運動の体験を経た「市民運動の成熟」と首長による「先導政策の体験」と「自治体職員層の意識変化」が背景にあったから、政策研究が一斉に地域と自治体に起きてきたと見ることができるからです。

どのような研究テーマをとりあげたかを見ることによって、政策研究の問題意識を探ることができます。神奈川県の政策研究をもとにその動向を分析してみます。

初期のころの研究テーマには三つの傾向がありました。

第一は、地域のニーズを探る研究です。

○県民ニーズの長期的・構造的変化に関する研究（七七年）

○県民ニーズの把握に関する研究（七八年）

○地域特性と住民意識に関する研究（七九年）

ここには「自治体とは何か」「自治体の本来の役割は何であるのか」を探ろうとする問題意識があったと言えます。自治体は中央が定めた政策を末端でただ執行するだけではなくて、地域住民のニーズを探りこれに応じた政策をすすめるものであるとの基本認識をうかがうことができます。

第二の研究テーマは「参加」です。参加は、七〇年代には世界的な潮流でありました。世界の各地で既存の制度やシステムが問い直され「参加」が問題になりました。
○広域自治体としての県レベルにおける住民参加のすすめ方（七七年）
○県民参加システムの研究（七八年）
○県政への市町村参加の理論と実態に関する研究（七九年）
○国、県、市町村の役割分担に関する調査研究（八〇年）
そして、七八年の「県民参加システムの研究」県民部プロジェクトチームの報告書で「県民に参加を求めるのであるならば、その前提条件として、行政情報を公開すべきである」として「情報公開の制度化」が提言されました。この提言が引き金となって情報公開条例が制定されたのです。自治体職員の研究報告書が情報公開を日本に制度として実現させたことは銘記されるべきでありましょう。

第三の研究テーマの傾向は、自治体内部のシステムの変革に関する研究です。
○自治を支える人材育成プログラムの開発（七七年）
○組織活性化に関する研究（七八年）
○行政の文化化に関する研究（七八年）
自治体が他治体から政策の主体へと自らを転換するには、まず何よりも自治体内部のあり方を問い直し機構や運営を改革することが不可欠であるとの問題意識があったからです。

以上のような「研究テーマ」の分析から言えることは、第一は地域住民のニーズを探ることによって自治体がとりくむべき地域独自の政策課題を発見しようとする姿勢が見られたこと、第二は行政を集権統治型から分権参加型に転換しようとする問題意識があったこと、第三は自治体内部のシステムの変革をめざして人材プログラムや組織活性化の方策を探求した、と読みとることができます。この「読みとり」はやや強引にすぎるかもしれません。しかし当時、研究テーマの選定は、多くの人びとの意見をもとに討論を重ねて決定したものです。したがって「研究テーマ」には、当時の関係者の問題意識が集約されていたと見ることができるのであって、このような「読解」もあながち当を得ていないとは言えないでありましょう。

(5)政策研究の概念

八〇年代に入ると個別の政策課題に関する研究が次第に多くなっていきます。

○大都市における緑化政策（八〇年）
○都市社会の総合防災対策（八一年）
○自治体の「国政参加」実現方策に関する研究（八一年）

○都市美、都市景観の創造に関する研究（八一年）
○京浜工業地帯の工業の現状分析の研究（八二年）
○都市計画制度の再検討に関する研究（八二年）
○神奈川における韓国・朝鮮人（八二年）
○神奈川の交通体系（八二年）
○神奈川の水　その循環と保全（八三年）
○自治体の情報政策（八三年）
○自治体学に関する調査研究（八四年）
○自治体の行政手続きに関する研究（八五年）

以上は、神奈川における政策研究のテーマです。

八〇年代には、全国各地の自治体で政策研究のための制度が新しく設けられ、地域の特性や実態に即した研究が広く行われるようになりました。これらの研究報告書を眺めてみると、次の四つの類型に分類することができます。

①現状分析型の研究
②課題発見型の研究

③方策探求型の研究
④基礎理論型の研究

この四つの類型をもとに「政策研究の概念」を構成するならば、「政策研究」とは「地域独自の政策課題を発見し(1)、その課題を実現するための手段を探ることであり(2)、そしてこれらの『課題』と『方策』を見出すために実証性のある現状分析を行うこと(3)、そしてさらには、(1)、(2)、(3)を可能にするために、基礎となる概念や理論フレームをあらたに創出すること(4)である」となります。

政策研究とは、「課題の発見」と「手だてを探求する」ことだけではなくて、「理論研究」も「現状分析」も政策研究です。

課題を発見・設定するには理論研究や現状分析の成果を必要とするからです。たとえば「自治体は地域の政府である」との基本視座が定まっていなければ、つまりそのような基礎概念が構成されていなければ、「政策は中央から降りてくるもの」と考え、あるいは「前例にしたがって」の思考習慣から脱け出すことができないために地域独自の政策課題を発見することは困難になります。

これら四つに類型化される研究はそれぞれが重要であり、相互に関連し合いかつ補完し合う関係にあります。そして「政策研究」はラインにおける「政策立案」とは別異の営みであるとして位置づけることが後にも述べるように自治体が政策主体に成長するために必要です。

⑹政策研究と政策立案

これまでも、政策立案の権限と責任をもつラインにおいて立案に必要なかぎりでの調査研究が行われていました。そのため、政策立案とは別に政策研究の観念を考えることが難しかったしその必要もなかった。しかしいままでは、ラインとは別のところでさかんに政策研究が行われるようになっています。ここが実は重要なところです。

つまり、立案権をもたないところで政策を考えるということがきわめて重要なのです。

その理由は、政策研究を政策立案の権限をもつラインの独占から解き放ち、政策形成への「職員参加」と「市民参加」の途を拓くことになるからです。都市型社会の政策課題はすべてが総合的な解決手法を必要としているものばかりです。したがってそれには既存の観念にとらわれない「自由な発想」が必要です。タテワリのラインでは部局の枠をこえることは困難です。

自主研究グループの重要な点は、日常の事務処理から一度はなれて、「自由な発想」ですなわち市民的な感覚で「自治体のしごと」を眺めかえすところにあると言われているのはこの意味です。

地域固有の課題を発見するには基本視座が必要です。基本視座の確立には基礎概念を構成するなどの理論研究が必要です。そしてその理論研究はラインの政策立案とは別異の営みです。もとより政策研究は政策立案に何らかの意味で役にたつものでなければなりません。だがそのためには、政策立案の現実的制約から解き放たれた地点で、政策立案それ自体のあり方をも研究の対象にした「自由な研究」が必要です。

次の問題は、そのようにして得た研究の成果を政策立案につなぐ「シクミ」であります。

(7) 政策研究の成果の活用

いかにすぐれた政策研究であっても、別のところで行われた研究報告書を、政策立案の権限と責任をもっている事業部局が積極的・能動的にとりあげ立案して政策につなげるということはきわめて少ない。「まず無い」と言ってもよいのが実態です。

なぜなのか。「無難に大過無く」「新しい課題にチャレンジしない」からですが、最大の理由は自治体の政策決定のシステムがあいまいであるからです。あいまいと言うよりも存在していないと言うべきかもしれません。首長が研究報告書を読んでトップダウンで立案を指示した場合には、その研究成果はそれなりに関連の部局で施策化されるでありましょう。だが、首長が政策研究の成果をすべて読んで指示することは不可能です。

また政策研究は政策立案につながるものばかりとは言えません。当該部局で施策化が可能かどうかを検討しなければならないものも多いでしょう。

先進的な自治体ではさまざまな工夫がなされています。

①トップへの研究成果の報告

②部局長会議での説明

③研究テーマに関連のある室・課の企画担当職員による合同検討会

④市民にも参加を求めての政策フォーラムの開催

しかし、現状況はいずれも、研究成果が事業部局に十分に受けとめられ施策化につながっているとは言い難い。研究成果が活用されるには政策立案の権限と責任をもつ「部局の長」が新しい政策課題に能動的であることが不可欠です。しかしながら、自治体の現状は新しい問題への挑戦にはきわめて「消極的で現状維持」が大勢で「万事無難に」が行政の実態であるからです。

これまでも、自治体行政に対しては次のような批判が投げつけられています。中央省庁の官僚は「新しい政策をつくること」「権限を拡大すること」にはきわめて積極的であるが、地方行政の幹部は逆縄張りで新しい課題に対して「消極的で受動的である」と。　政策課題が「量的整備」

から「質的まちづくり」へ転換しているのですから自治体は時代に即応した自前の政策をもたなければなりません。そのためには、積極的で能動的な政策決定のシステムを装備しなければなりません。

すなわちラインとは別のところで行なわれる政策研究の成果を活用するシクミをつくることです。政策立案の権限をもつラインにつなぐ（媒介する）システムをつくることです。かつてのように、「首長のトップダウン」か、さもなくば政策立案に必要なかぎりでの「調査研究」でこと足りていた時代は終わったのです。自治体は地域政策の主体にならなければならないのです。ところが、立案権をもつラインは能動的に研究成果を受けとめようとはしない。でありますから研究成果を活用するシクミを自治体の内側に装備しなければならないのです。

本来は企画課がその役割と機能をになうべきものであります。しかし、企画は何らかのしごとをすでにもっていて、タテワリの部局になっています。御前会議である部局長会議も創造的な課題発見の討論の場ではありません。首長に直結するブレーンを配置している自治体もありますが、政策スタッフとして機能しているところは少ないのが実態です。

首長が政策研究の成果を「すべて読んで、的確に判断して指示する」のが一番よいのですが現実には不可能です。そこで、首長の政策決定権を強化する方向で研究成果を政策立案につなぐ（媒介する）シクミを工夫することであります。

時代認識と政策能力にすぐれたスタッフ、イメージとしては政策室が、研究成果の受け皿となって、必要な判断をして政策立案権をもつラインにつなぐ。このようなシクミがいまの自治体に必要です。この「媒介システム」が自治体内に定着していけば、自治体の政策決定システムも次第に能動的なものになっていくでありましょう。

自治体はいま政策競争の時代に入っております。知恵くらべがはじまっています。時代と地域が自治体に自前の政策を要求しているからです。ライン中心の運営では対応できなくなっているのです。

政策スタッフによる政策決定システムを創設すべきであります。

(8)自治体の政策形成における政策研究の位置

都市型社会における自治体の政策形成は、「政策研究」→「政策立案」→「政策決定」→「政策執行」→「政策評価」の循環です。

これを図に示せば次のとおりです。

以下順次説明します。

〔自治体の政策過程〕

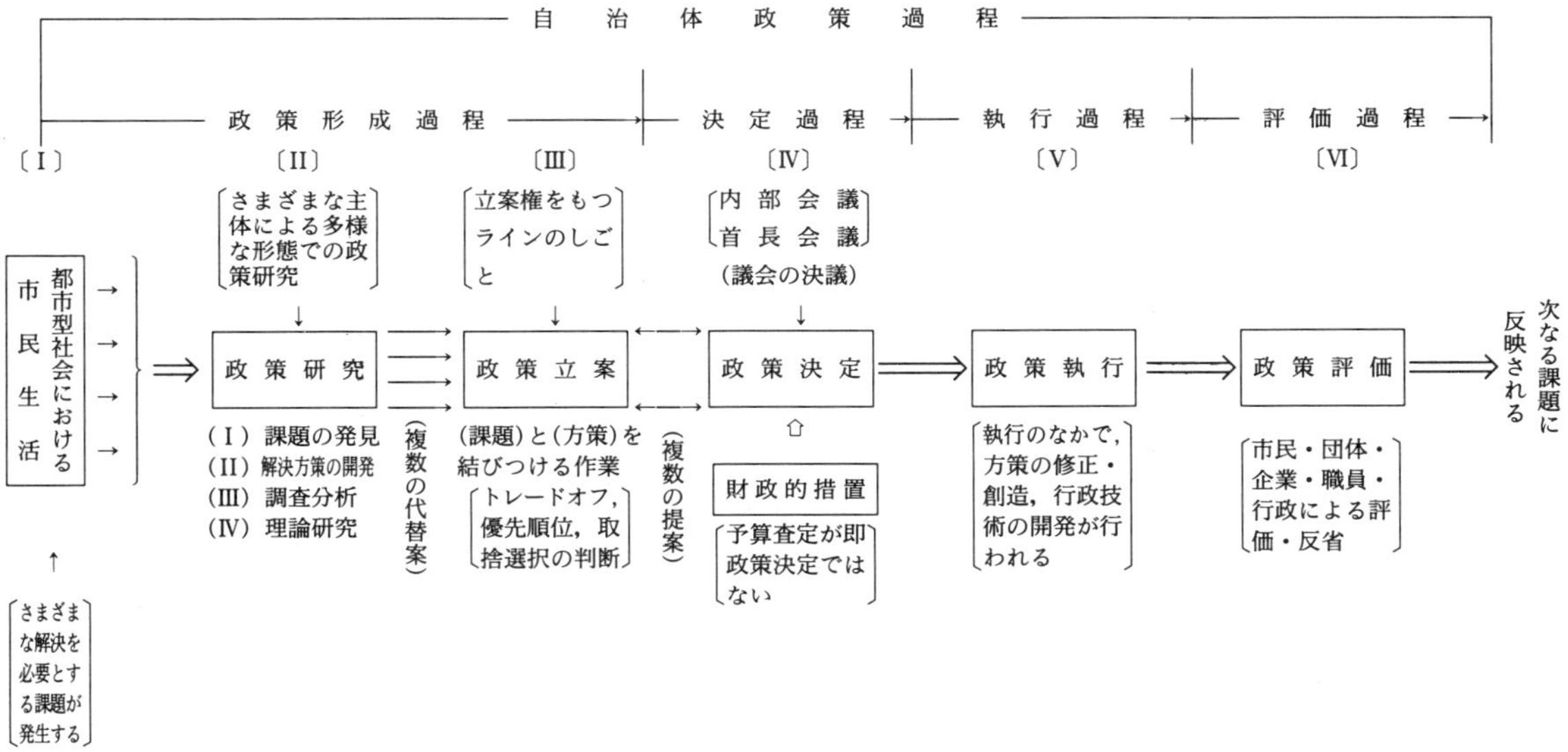

〈定　義〉

政策とは「課題」と「実現方策」が組み合わせになった政府の行動指針。

政策研究とは①「課題の発見」および②「解決方法の開発」。しかし，課題を発見し，実現方策を開発するには③「実証性のある調査研究」と④「基礎理論（枠組み，概念）の研究」が不可欠である。（政策研究の四類型）

【Ⅰ】都市型社会における市民生活

都市型社会の市民生活には公共的な解決方法を必要とする「課題」が次々と発生します。しかもそれらはすべてが「前例のない課題です」。そのなかには「地域の政府」が解決すべき課題が数多くあります。その課題を設定し、解決（実現）する。その対応能力の差がいわゆる自治体の「まちづくり」能力の差であります。

【Ⅱ】政策研究

解決すべき「課題の発見」(1)と、その課題の「解決方策の開発」(2)が政策研究です。しかし、これを行うには、「実証性のある現状分析」(3)と、「基礎理論（枠組み・概念）の研究」(4)が不可欠です。（政策研究の四類型）。

これまでの自治体の政策形成には、この「政策研究」（図の［Ⅱ］）が欠落していたのです。そのような「研究」は政策立案を行うラインの作業であると考えていました。もとより政策研究はラインにおいてこれまでもこれからも行われます。しかし、都市型社会においてはライン以外のさまざまな主体によって「既存のシステム」や目先の「利害関係」に拘束されないで、自由に創造的に行われることが重要です。なぜなら、都市型社会が生み出す前例のない「課題の発見」と「解決方策の開発」は多くの主体による自由な創造活動によらなければ困難であるからです。つまり、政策研究とは言ってみれば政策立案権をもつラインへの提案作業です。

【Ⅲ】政策立案

政策立案はラインの仕事です。立案とは「課題」と「方策」を組み合わせて「政策」を作る作業です。それは、どの課題を優先的にとりあげるか、いかなる方策で解決するのが効果的かつ効率的であるのかの判断です。したがって、政策研究の成果物が数多く蓄積され「課題」も「解決方策」も複数提案されていることが立案の質を良いものにします。だから、ライン〈部長・課長〉は自己の所管事項に関連する政策研究が数多く行われることを毛嫌いしないで歓迎するのが賢明です。たしかに、所管事項に関して政策研究が行われるとその課題にとり組んでいないことが明白になるから「いやがる」ことになるのでしょうが、しかしそれであっては自治体間の政策競争に遅れていきます。政策の質が下ります。

ラインにおいても政策研究は、プロジェクト研究やシンクタンクとの共同研究などの形態で行われます。しかし、政策研究を「ラインが独占すべきもの」と考えてはならない。都市型社会における政策研究は多重・多層的に行われることを理解しなければなりません。

都市型社会が次々と生み出す「前例のない課題」を日常の事業執行・制度運営の責任の立場にあるラインがすべて発見し方策を開発することはできないからです。

【Ⅳ】政策決定

立案された政策は行政内部の手続き（内部会議→首長の決裁・ものによっては議会の決議）を経て自治体の政策になります。ここにおいても優先順位・取捨選択の判断が行われます。そして政策研究の成果物が数多く蓄積されているほど政策の質が良くなります。

次いで、財政的裏づけ措置によって現実性をもつ政策となるのですが「予算査定」が即「政策決定」ではありません。これが財政主導型の地方団体から企画主導型の自治体への移行の論点です。

【Ⅴ】政策執行

執行過程においても「解決方策」の補強と修正と創造がなされます。あるいはまた、行政技術の改革・開発がなされます。そして、執行過程におけるこの「体験」と「知恵」が自治体職員の内部に蓄積されて次の政策研究の内容を良いものにします。つまりこれが「政策研究交流会議」や「自治体学会」の議論の場で「自治体職員の強み」と言われているものです。

【Ⅵ】政策評価

世論や議会の討論で執行後に評価がなされます。当の行政部局も評価・反省します。それらが次の研究と立案に循環します。

⑼これまでの政策形成

自治体の政策形成について考えてみます。

概略は

①首長のトップダウン

②ラインによる新規政策

③審議会や懇話会からの提言

④住民からの陳情や要求　です。

⑤すすんだ自治体では政策研究所やシンクタンクへの研究委託が行われています。

しかし実際は、中央省庁が決定したタテワリの政策が法律↓補助金↓通達の形式で下降してくるものが一番多いでしょう。また、他の自治体がすでに開始した「事業」や「制度」の模倣も少なくありません。

首長のトップダウン

「首長のポリシー」「選挙の時の公約」「さまざまな団体・企業・住民からの陳情」などによって、トップダウンで新しい政策が定立されます。

しかしながら「地上に建設されるハコモノなど集票結果につながるもの」に偏りやすいと評さ

れています。より根本的な限界は実現方策を無難に大過なくのラインまかせにすることです。そのため、すばらしいアイデイアも従来方式のお座なりな事業で終息してしまう場合が多いのです。なぜなら、新しい「政策課題」はそれにふさわしい「実現方策を開発」し同時に「行政技術をも改革」しなければ真に意味のあるものとして現実化することができないからです。だから、いかに市民感覚の優れた首長であってもトップダウンだけで新しい政策を展開することはできないのです。トップダウンを生かすには職員の政策能力の高まり、つまり政策研究の蓄積が不可欠です。

ラインによる新規政策

立案権をもち執行の立場にあるラインの政策立案がもっとも実現性が高い。高いのだが、これにも限界がある。第一の限界は「所管の枠」つまり、タテワリの限界です。「質的まちづくり」の時代における政策課題はすべてが面的な課題です。総合行政的な手法で実現しなければならない課題ばかりです。ところが、所管の枠を突破することはタテワリのラインではきわめて困難です。そのため、所管の枠をはみ出す政策課題を避け先送りにしています。

第二の限界は長期展望に弱いことです。行政内部の実態は年功序列のために「短期での人事異動」がくりかえされています。そのため「ポスト」は通過していくものであって「困難な仕事にとりくむところ」ではなくなります。「短期在任」ですから、目先の問題の処理が優先し、長期展望を必要とする「戦略的政策課題の設定」とその「解決方策の開発」は先送りとなります。だからこそ、ラインとは別なところで行われる政策研究が必要になっているのです。

審議会や懇談会からの政策提言

提言の「原案」は事務局である行政が作成します。あるいは、行政側が認容できる範囲内にあらかじめ調整されているのが一般的です。

また、委員の選定・委嘱は行政が行いますから、とどのつまりは、ラインによる新規政策と同様の限界を有しています。さらにまた、実現方策（手だて）の提示は行政の現場からはなれた審議会のメンバーではほとんど困難です。解決方策は自治体職員との共同研究が伴わなければ難しいでしょう。課題の提示だけでは「政策提言」としてはきわめて劣弱です。多くの自治体でカラフルに印刷している「総合計画書」や「〇〇プラン」が政策スローガン集であって「政策」とはいい得ないと批判されていることと同様です。政策とは「課題」と「実現方策」が結合されたものでなければならないからです。

住民からの陳情・要求

現状は、住民からの陳情や要求が政策形成につながっているとはとうてい言い得ない。政策形成への市民参加の途を拓くには後にも述べるように「政策研究」を自治体の政策形成システムのなかに位置づけることです。

つまり、これまでの自治体の政策形成には「政策研究」が明確な位置を与えられていなかったのです。これまでは、自治体の課題の主要部分が「量的整備」であったから、独自の政策開発を試みないで省庁の全国画一政策の下請に甘んじていても「個性が消えていく」という問題はあっても「均一的に整備された」と評価することもできたのかもしれない。しかし、これからは自治体は独自に課題を発見し総合的な解決方策を開発しなければなりません。だがそうなるためには政策研究を自治体の政策形成システムに組みこまなければならないのです。

⑽これからの政策形成

都市型社会は前例のない課題を次々と発生させます。漠然とした「トップダウン」と前例踏襲の「ライン」による政策立案では都市型社会に対応することはできません。自治体内に政策形成のシステムを装備しなければなりません。

これからの政策形成は第一に多様な主体による政策研究を政策立案の前段階に位置づけること。第二は政策研究の成果を政策立案につなぐ「媒介システム」を自治体内に装備することです。

政策研究は始まったばかりでありますから内容も未熟です。しかしながら、自治体の政策能力を高めるには「研究成果の活用」を真剣に考えることです。そのシクミをつくることです。それが「首長の役割」であり、その理論をつくるのが「研究者の役割」です。

競争の熾烈な企業では人的な面でも経費の面でも研究開発部門の比重が高くなってます。自治体には倒産はないけれども、これからは「まちづくりの格差」は目に見える形ではっきりとあらわれてきます。時代転換が見えず「ことばだけのスローガン」と「絵にかいたプラン」だけで対応しようとする行政は、やがて歴史と住民から批判を受けるでありましょう。

「政策研究」を「政策立案」から独立させて、政策形成過程の中に位置づけることの重要性は、政策立案の質を良いものにするだけではありません。それは自治体の政策形成をタテワリのラインの独占から解き放つことにつながるから重要なのです。すなわち、そのことは、政策形成に「職員参加」の途を拓くことになります。職員は政策形成に参加することによって、行政とは法律・通達の執行であると考える「地方公務員」から、仕事の意味を考え能動的に課題を見出し行政技術を開発する「自治体職員」へと自らを転換させることになります。そのような主体的な自治体職員の誕生なくしてどうして自治体が時代の課題に対応することができるでありましょうか。

そしてまた、政策研究を政策形成のプロセスに位置づけることは、自治体の政策形成に「市民参加」の途を拓くことにつながります。政策形成への市民参加のルートを拓くことによって、自治体行政を「役人請負」から「市民自治」へと転換させる道筋が見えてきます。

6　政策研究と自治体職員

実際に、意味のある政策研究を行政の内部で実践するとなると容易なことではありません。研究にはオリジナリティーが大切です。個性的・創造的が重要です。そこのところをつめて考えてみますと、オリジナリティーな研究というのは独自の考え方をもつということです。周囲と同じ発想ではないということです。ところが役所はみんなとちがう発想をもつ者を嫌います。それをはじめると変わりモノとして扱われ異端になってしまいます。また創造的ということはいままでのやり方を変えることです。役所は現状維持派が多数で主流でありますから創造的ということは少数派になるということです。要するに異端者になることを避けていては意味のある「政策研究」はできないということを意味しています。これを実際例で考えてみます。

柳川の水郷保存

アニメーション映画で有名な宮崎駿さん・高畑勲さんによって「柳川堀割物語」という映画になった話です。

柳川は水郷のまちです。筑後川の河口のまちで、各戸の裏口は水路につながっていて舟を各戸毎にもっているというような水郷のまちでした。水路が縦横に走っていて、水路の水を飲料水に使っていた。ところが昭和初年に「飲料河川取締規則」が必要になった。それまではそんな規則なんかなくても川の水はきれいに保たれていたわけです。そして昭和七年に上水道ができ川の水を飲料水に使わなくなってから水路をおろそかにするようになっていった。さらに、五〇年代以降のモータリゼーションの発達によって、水路を水運としても使わなくなり、生活様式全体が工業技術の石油文明に引き入れられていくなかで、水路は急速に汚れて「ブーンカのまち」になってしまったというのです。ブーンとはハエのことで、ハエと蚊が大量に発生するまちになっていったわけです。市政に苦情と陳情が出される。市は水路を埋め立てるという方針を決定し発表しました。

広松伝さんは、人事異動でその水路の埋立て工事をする係長に内示されるのですが、彼は昔から柳川に住んでいた人ですから「水路を埋めたててはならない」と考えて、市長に「この埋立ては間違っている」と説得にいきました。埋立て計画は庁内の課長によるプロジェクト・チームで結論を出したものです。広松さんは水路を埋め立てるのではなく再生させなければならない。汚泥を除去して水が流れるようにすべきであると市長に訴えました。市長は埋め立て計画を市議会にも報告し新聞発表もしてしまっていた。彼の話を黙って聞いていた市長は「君のいうとおりかも知れない。しかし、もう遅いよ」と彼に言うわけです。ところがそこは公選市長の良い点で、「もはやどうしようもないが、6ヵ月間だけ工事の着手を待とう。どうしたらよいかをその間に君が考えてくれ」と言ったのです。広松さんは「ふるさとに清流をとりもどそう」と手書きの冊子を五百部つくり、庁内では誰も耳を貸さないから地域に出かけていって呼びかけたのです。呼びかけの中身は三つでした。一つは、筑後川が有明湾に長い年月によってもたらした土によって柳川の土地はできている。水路の水が断えず土壌をうるおしているから、水が土壌を支えているのであって、水路を埋め立ててしまえば乾燥して地盤沈下が起きる。二つは、網の目のような水路が遊水機能の役割を果たしている。水路を埋め立てれば、雨がふるとまちは浸水する。現にそうしたことが起こっていた。こういった点は庁内の課長プロジェクトチームの調査でも明らかにされていたのにこの資料は回収され伏せられていた。三つは、柳川の文化は水路との関わりによってつくられた先人の生活の知恵である。柳川は水路と切り離せない。水路を埋めてしまえば柳川は柳川でなくなってしまう。地域懇談会を二百回ぐらいやったそうです。彼が説明して帰った後も、町内の人達は翌朝まで話し合いを続けたといいます。「そうだなァー」という声と同時に「ヘドロがたまってしまって水はもう流れないじゃないか、もはやどうしようもない」という意見も当然出るわけです。

そこで彼は、水が海に流れ出すところにたまっている汚泥をまずなんとかしようと考えた。汚泥除去をやろうとするのですが、庁内ではその費用の決裁が下りなかった。そこに新任の課長が転勤してきたのです。この課長は俳句を好む人で、「変わり者」「異端者」といわれていた人です。人事課では一たび言い出すと後に引かない変わり者の課長をもっていけば異端の広松さんを押さえられるだろうと考えたのでしょう。ところが結果は人事課の思惑と逆になった。「異端者」の課長は広松さんの話に感動したのです。そしてヘドロ除去の決裁をしてくれたわけです。ミイラ獲りがミイラになったわけです。俳句の美的世界に心を遊ばせる課長には感動する「文化の心」が育っていたのです。ヘドロのところに係員と作業員と広松さんが出かけたのですが水の中に入るものがいない。そこで、広松さんが中に入ってヘドロを除去する作業を自らはじめた。係長だけやらせておくわけにはいかないから係員も作業員も入って作業せざるを得なくなるわけです。ヘドロ除去の作業は毛穴にヘドロが入って石鹸で洗ってもきれいにとれない。作業をすると数日臭気が体からとれないわけです。幼い娘が「お父ちゃん、くさいくさい」といって寄ってこなかったそうです。次には除去した汚泥の捨て場をどうするかです。解決しなければならない問題は山ほどあった。色々やっている間にたまたま消防用のホースで水圧をかけて水で押すと汚泥がスーっと流れ出すことがわかった。汚泥は固まってどうしようもないように見えるのですが、水を含むと汚泥はドロドロになってきますから、水圧をかけた水で押していけば水路の清掃ができる方法を見つけたわけです。こうした広松さんの努力が町内の人々に伝わり、水路の上に駐車場や倉庫を設置していた人も清流をとりもどす運動に協力するようになり、ついに市長による市役所の方針転換がなされて、水路は再生され、今、柳川には水路に水が流れているのです。

この話を宮崎駿さんが知って映画をつくったのです。映画は広松伝さんの監修になっています。

真理は少数にあり

「政策研究」を言うことはたやすいが、実際に意味のある実践をやると「異端者」になる、ということです。庁内の多数派は現状維持ですから現状変革派は少数なわけです。「真理は少数にあり、真理が多数になっていくプロセスが真理を具現化する過程であって、多数になった時その多数は真理を抑圧する側にまわる。これが歴史の真実である」と私はかつて「文化行政とまちづくり」という本に書いたことがあります。誰がいった言葉であるのか、イプセンの『民衆の敵』という戯曲の中にある言葉です。その話はこうです。主人公は理学者なんです。「まちの温泉の中には毒性をもった物質がありそれを取り除かなければならない」そのことを発表しようとする。まちの新聞の編集長もはじめは賛成で新聞に載せようとするのですが、実の兄であり、町長であり、警察署長であり、温泉協会の会長でもある兄から圧力をかけられ裏切ってしまいます。孤立した彼は町民大会を開いて発表しようとするのですが会場を貸してくれる者はだれもいない。一人だけ会場を提供しようという者がいた。船長です。船長は他の地域の異文化に触れているからです。この話は他の地域の異質の文化を知っていることが地域の活性化や文化の振興ではきわめて大切なことなのだということを象徴的に示していると思います。しかし、その船長も後に船主によって解雇されます。町民大会も逆オルグによって主人公は自分の意見を発表することができない。最後に弁明の機会が与えられた時に、「人類の歴史で、当初真理はすべて少数であった…」と話します。主人公のこのことばにイプセンの思想が込められているわけです。今から百二十年前のことばです。まちづくりや自治体の政策研究には、これに似た困難が伴うものです。

7　政策研究と自治体学

政策研究のすすめ方

「政策研究」は、実際やるとなるとカンタンなことではないことを確認したうえで、「政策研究」のすすめ方について話をいたします。

一つは「交流」です。全国的な交流でなくても身近な自治体との交流でよいわけです。市民との交流も重要です。自治体職員だけの交流ですとどうしても行政サイドの発想になります。そして自治体職員は、交流の場をつくる音頭とり・仕掛人・呼びかけ人になることです。

二つ目は、現場に出かけることです。生活の現場から政策課題を見出し解決方策を考え出すことが基本です。他の誰かがその人の考えで書いた書物をただ読むだけでは政策研究になりません。

三つ目は、仕組みをつくることです。研究成果を活用する政策形成のシステムをつくることです。そのためにそのシステムを研究して提案をすることです。そのためにはまず、自主的研究活動を始めることです。

首長の考えにも従属しない自主的な研究グループ、労働組合にも批判を加えることのできる研究グループの誕生が望まれるわけです。そこで次に自主研究グループについて話します。

自主研究活動

自主研究グループとは政策形成への自主的な職員参加ということです。自主研究グループをやっている人達の共通の悩みは、適切な「研究テーマ」の設定がむつかしいことと、「研究手法」が見つからないことです。そこでついつい講師を呼んだ勉強会型になってしまうことです。そして研究成果を文章にまとめるのが困難であるために「喋り合いのしっぱなし」になりやすいことです。

次に奨励策について話します。

まず、動機づけです。これは首長のリーダー・シップが大きいですね。組織内環境を整えることが重要です。自主研究をコソコソしかやれないようでは困ります。組織として、政策研究の位置づけがなされることが大切です。

研究会相互の交流機会や研究情報の提供も重要です。交流機会とは、研究成果の発表会だけでなく印刷物でも発表・交流できるようにすることです。そして、丸がかえではないが若干の費用の援助も必要です。

例えば、研究成果の印刷費用程度の援助や便宜供与としての会議室使用・印刷機器の利用などです。自主研究を奨励し援助するときにもメンバーを職員に限定しない考え方がとりわけ重要です。他の自治体の職員や市民が加わっていることは相互に刺激になりメンバーの視野が広くなるのだから良いことだと考えることです。

研究成果を施策につなげることがもっと効果のある奨励策です。そのため施策につなげる「媒介の仕組み」をつくることです。

自治体政策研究交流会議

政策研究から新しい「しごと」がはじまり、ユニークな「制度」がうまれ、時代を拓く「潮流」が起きています。

たとえば東京都特別区職員の自主研究から「太陽熱利用の福祉施設が建設」され、「厚生省基準が改正」され、大相撲国技館に「雨水利用システムが導入」されました。

神奈川の自主研究「文化行政への提言」からは文化行政の「全国交流のシクミ」が誕生して広がりました。今も自治体職員と文化団体・企業の方々が会合して「文化の見えるまちづくり政策研究フォーラム」がつづいています。九五年は高知で、九六年は北海道で開催されます。埼玉の「ナショナルトラストの埼玉への適用可能性」の職員研究から、「緑基金制度」が全国自治体に潮流をつくりました。

21世紀ひょうご創造協会の研究は「緑の回廊計画」の理念と具体的なプロジェクトを生み出し、「全県土公園化構想」といううまことに県にふさわしい政策構想に発展させました。

全国各地で、「地域の活性化」「地場産業の振興」「観光政策の問直し」「地域防災計画」「都市景観」「都市緑化」「河川湖沼の水質保全」「民際交流」「地域の福祉システム」「都市文化」「地域情報政策」「公立文化ホールのあり方」「自治体のＯＡ化」など自治体行政の全般にわたって「既存事業の問直し」「制度の組直し」「システムの提案」がなされています。

そして、政策研究の質のたかまりは必然的に経験と知恵の交流を求めるにいたります。「自治体政策研究交流会議」は第一回が横浜で八四年十月、第二回が浦和で八五年十月に開かれ、以来、年一回の全国交流が今もつづいております。職員研修所の再編問題もはじまっています。職員研修所での政策研究のあり方についての第二回全国交流会議は九五年十一月に尼ケ崎市で開催されます。

自治体学の概念

政策研究から自治体独自のまちづくり政策が生まれ、文字どおり自治体が地域の政府になっていくでありましょう。しかしそれには「実践の理論化」が必要です。直感や思いつきでなく、質をたかめる地域課題を発見し解決するには実践を導く視座と理論が必要です。

既存の学問は「国家」を理論フレームとする国家学です。また、専門に分化しすぎているために都市型社会の課題の解明には役立ちません。自治体の政策自立には「自治体学」が必要です。既存の学問は「国家」「国民社会」を基礎前提にした「国家学」です。

日本の社会科学は明治において、近代国家を形成するために輸入学として出発し今日に至っています。このため、都市型社会が生み出す、環境、文化、教育、福祉、交通、エネルギー、技術などの課題について、部分的な問題の指摘はできてもトータルな解明ができないでいます。とりわけ既存の学問には、これらの課題を生活の場で市民の自治の問題として解明する視点が欠落しています。たとえば、民主政治の制度理論も自治を創り出す市民のエネルギーを「国家」を基本前提にした既存の枠組みに当てはめようとするために、ともすると秩序を乱す愚民の行動であるかの如くに眺めることになります。自治は創り出すものであって、既存の制度の枠のなかに現存しているものではありません。かえって制度理論が市民の自治エネルギーによってたえず問い直されなければならない。しかし、そのためには理論フレームの組み替えと基礎概念の転換が必要です。また、学問は本来現実社会の「課題」の解明に役立つものでなければならない。現実社会の課題を解明するために学問が必要なのであって、現実社会とはなれて学問が存在するのではない。したがって、地域社会に歴史上かつて体験したことのないほどの変化が起きているのだから学問もまた、基礎概念の再構築や理論枠の組み替えが必要となるのは明白です。

自治体学の特色

自治体学は、地域の課題を解明する学問であるのでつぎのような特色をもちます。

第一の特色は地域性です。

自治体が解明する課題はすべて地域特性をもっています。たとえば都市型社会と一口に言われているけれども、都市はすべて独自の歴史と風土にもとづく固有の課題を抱えています。かつてのような全国画一的な課題設定は今日においては通用しません。

自治体学の第二の特色は市民的実践性です。

地域の課題は市民の自治的な実践行動によって解決されます。都市が「個性」と呼ばれる魅力を備えるに至るのは市民が自らの実践活動によって課題を解き、解くことによって市民が都市に愛情を抱くからです。自治体学はそのような市民の実践を理論化します。

第三の特色は学際的総合性です。

地域社会の「課題を発見し実現する」には、既存のタテ割り的に専門分化した学問の境界をこえた総合性が必要となります。自治体学は「無」から「有」をつくり出すように、新たな学問を「創造」するのではなくて、既存の学問が現実の課題を解くために理論枠を組み替え、概念の転換をはかり、その再構築された学問の協力によって次第に形成されていくのでありましょう。つまり自治体学は創造するのではなくて成熟するのです。したがって、自治体学を定義するならば、「現実社会の課題を解明するために組み替えられ再構成された自治体関連の諸学の総称の学」と規定することができます。

このような自治体学が成熟することによって、自治体の政策研究は成果を蓄積することができます。そして、それによって日本の国土が豊かに美しく魅力あるものになります。

自治体学の研究には研究者と市民と職員の相互協力が必要です。研究者は現場の問題から理論化のヒントをつかみ、職員と市民は理論と基礎概念に導かれて実践をすすめます。

そのような自治体学をめざし、実践と理論の結びつきの場として自治体学の学会が八六年五月二十三日横浜で誕生しました。そして北海道では本年七月八日、ニセコ町で北海道自治体学会が設立されます。

この北海道町村会の土曜講座がそのような自治体学の実践的な探求に役立つことを心より祈念します。

――終――

（本稿は、一九九五年六月二十四日、北海道大学法学部講堂で開催された地方自治土曜講座の講義記録に一部補筆したものです。）

・自治体学年表

45、戦災復興・戦後改革の時代

焼け野原で空腹、だが自由に喋れるようになった。5年後に朝鮮戦争、そして逆コース。

45、ポツダム宣言受諾―明治地方制度廃止
46、食糧メーデー　バラック住宅、青空教室
47、憲法・自治法施行―知事公選　凸凹道路
48、政令201号　外地引き揚げ
49、シャウプ勧告　食糧不足―栄養失調
50、朝鮮戦争―特需―経済復活　結核診療所
51、全国市長会、国家地方警察の廃止を要望
52、地方自治法大幅改正　基地―基地反対闘争
53、昭和の大合併―町村合併〈八千人〉
飯田市、りんご並木
54、地方交付税法　自治体の四割が累積赤字
神奈川県、県立音楽堂を建設
55、社会党統一・保守合同　55年政治体制

56、経済白書　　　　　　　　　　　　　　　　──「もはや戦後ではない」
57、自治労・自治研全国集会
58、新国民健康保険法（国民皆保険へ）
59、三井三池闘争（石炭から石油へ）
　　安保改定反対闘争─岸退陣─池田内閣・所得倍増政策

60、高度成長─公害列島─住民運動激発─革新首長の登場─自治体の先導政策

60、所得倍増政策
　　自治省設置
　　四日市公害対策委─大気汚染
61、宇部市、花と緑と彫刻のまちづくり
　　大分県大山市、１・５次産業
　　神戸市・横浜市・姫路市・鹿児島市、「傾斜地における土木工事規制条例」
62、新産業都市建設促進法　　　　　　　　工場誘致─固定資産税免除条例
　　住居表示に関する法律　　　　　　　　産業基盤整備
　　仙台市、健康都市づくり（宣言）　　　道路・港湾・河川・工業用水
63、第五回統一地方選挙　　　　　　　　　革新市長─横浜、大阪、京都、北九州

横浜市、一万人市民集会
64、河川法・道路法改正
三島・沼津コンビナート誘致反対運動
横浜市、公害防止協定（横浜方式）
東京オリンピック、東海道新幹線
65、町村合併特例法
釧路市、企業誘致条例訴訟
66、横浜市、都市づくり六大事業
67、第六回統一地方選挙
東京都に美濃部革新知事当選
首都圏革新市長会
北海道池田町、十勝ワイン
68、東京都シビルミニマム計画
横浜市宅地開発指導要綱
自民党「都市計画大綱」
遠野市、トオノピア構想―市民の舞台

都市問題噴出
し尿・ゴミ・住宅不足・交通混雑
福祉はパイを大きくしてから
若年労働力不足―集団就職
各地で公害反対の住民運動激発

革新自治体の「先導政策」始まる
・公害―公害防止協定
・福祉―老人医療費無料化
・開発規制―宅地開発指導要綱

69、東京都、公害防止条例・老人医療費無料化
宮崎県、沿道修景美化条例
松戸市「すぐやる課」

70、「参加の時代」・「地方の時代」・「文化の時代」

住民運動を背景に首長のリーダーシップによる自治体独自のまちづくりの時代。

70、全国革新市長会「都市づくり綱領」
仙台市、公害市民憲章
岡崎市、70歳以上老人医療費無料化
公害国会
自治省コミュニティ構想

71、第七回統一地方選挙　　都市問題噴出
大阪府に黒田革新知事当選　　「現代都市政策講座」（岩波）14巻刊行始まる
川崎市、建築協定条例　　主たる執筆者は学者
神戸市、グリーン神戸作戦
武蔵野市、市民委員会
東京都、広場と青空の東京構想

72、旭川市、大通り買い物公園	首長のリーダーシップによる
京都市、景観条例	自治体独自のまちづくり
横浜市、日照指導要綱	
川崎市、工場緑化要綱	
練馬＝品川区・区長準公選	
73、大阪府、知事部局に文化振興室新設	自治体文化行政のはじまり
仙台市、杜の都条例	石油ショック─府県財政深刻
武蔵野市、市民生活環境指標	
摂津市、保健所超過負担訴訟	国際婦人年を機に婦人行政始まる
沖縄読谷村、やちむんの里	
74、狂乱物価	
国土庁設置	
神戸市、市民のくらしを守る条例	消費者運動
帯広市、市民の森	
75、東京都特別区23年ぶりに区長公選復活	
松山市、母子家庭医療費完全無料化	
大分県湯布院、町民音楽祭・映画祭	
76、川崎市「環境アセスメント条例」	

大阪市、外国人にも市営住宅を開放
盛岡市、伝統的建造物・指定保存
77、中野区議会、教育委員準公選条例可決
釧路市、幣舞橋に道東の四季像
仙台市、彫刻のあるまちづくり
愛媛県内子町、歴史的町並み保存
斜里町、知床100平方メートル運動
78、「地方の時代」シンポジウム
神奈川県、県民部プロジェクトチーム　―「県民参加システム」を提言
神奈川県文化室プロジェクトチーム　―「神奈川の文化行政」を提言
埼玉県、行政の文化化推進事業
金沢・都市美文化賞
米沢・旧町名保存
79、第一回全国文化行政シンポジウム　自治体に文化行政の波起きる
藤沢市、市民オペラ　・行政の文化化
自治省、新広域市町村圏・要綱　・文化1％システム
北海道、環境アセスメント条例　・文化アセスメント
掛川市、生涯学習都市宣言　・文化会館の建設

岡山県、郷土文化財団

80、都市型社会の成熟

工業化・都市化の進展、七〇年代を首長のリーダーシップによる先導政策の時代とするならば、八〇年代は職員の政策研究が広がり自治体政策の質を高めた時代であるといえるであろう。

80、神奈川県、公務職員研修所改革
大分県、一村一品運動
八尾市、カラオケ騒音防止条例
81、第二次臨時行政調査会
宮城県中新田町、バッハホール
北海道鷹栖町、メロディー橋
82、山形県金山町、情報公開制度実施
高知県窪川町、原発住民投票条例可決
富山県利賀村、世界演劇祭・文化立村
83、神奈川県、情報公開条例
東京都、文化振興条例
84、自主研究グループ全国交流会　　自治体職員の自主研究グループ活動、全国に広がる
第一回自治体政策研究交流会議（横浜）　　自治体職員の政策能力の向上を目指して「自治を創るシリーズ」15巻（学陽書房）刊行始まる
武蔵野市、市民福祉公社

85、逗子市民運動、米軍住宅建設反対
86、指紋押捺問題―「川崎市告発せず」
87、自治体学会設立（横浜）
88、第一回自治体学会研究総会（徳島）
89、熊本県、文化振興基本条例
89、ふるさと創生一億円配付

90、過密と過疎に分極化

91、第一回文化の見えるまちづくり政策研究フォーラム（徳島）
92、水戸市、芸術館：文化一％予算
92、北海道町村会、政策情報誌刊行
93、職員研修所の政策課題研究交流会（茨城）
94、公立文化ホール・シンポジウム（横浜）
95、北海道、文化振興条例
95、北海道町村会・地方自治土曜講座開講

執筆者の三分の一は自治体職員
自治体に「政策研究」の波広がる。

自治体学会
84、設立提案（横浜）
85、設立準備会（埼玉）
86、設立総会（横浜）
87、第一回研究総会（徳島）
88、第二回　〃（宮城）
89、第三回　〃（熊本）
90、第四回　〃（大阪）
91、第五回　〃（帯広）
92、第六回　〃（石川）
93、第七回　〃（東京）
94、第八回　〃（島根）
95、第九回　〃（長野）

北海道自治体学会設立（ニセコ）
第五回文化の見えるまちづくり政策研究フォーラム（高知）
第9回自治体学会（長野）

参考文献・「自治体の政策研究」

政策研究についての著書・論文・雑誌の特集は数多くあるので講座の内容に関連する文献に限定して紹介する。

1、「自治体における政策研究の実践」田村明。森　啓・村瀬誠・編（総合労働研究所）
まえがきにも記されているが「自治体の政策研究」の言葉が自治体に広がることを意図して編集し自治体学会設立の年に刊行した。「自治体の政策研究」が書物として出版されたのは本書が最初であろう。（一九八六）

2、「自治体の政策形成」田村明編著（学陽書房）
自治体の首長、議員、職員、市民と研究者、学者、ジャーナリストなど多様な立場から自治体の政策形成の可能性と方向が論述されている。（一九八九）本書は自治体の課題を総集するシリーズ「自治を創る」（全十五巻）の一冊である。他の各巻も自治体の「課題と解決方策」を理解するには有益であるので末尾に「課題名」を列記する。

3、「自治体の政策研究」森　啓（公人の友社）

後半II部の「自治体の政策研究の重要論点をめぐる研究討論の記録」に特色がある。職員研修所の再編問題も論議されている。（一九九二）

4、「政策研究と公務員教育」山梨学院大学行政センター編（第一法規）（一九九二）

5、「都市型社会の自治」松下圭一（日本評論社）

七〇〜八〇年代の自治体問題の論文（九本）が収録されている。第二章に「自治体における政策研究」。他の論文も総て関連ありて重要。（一九八七）

6、「政策型思考と政治」松下圭一（東大出版会）

この書物は都市型社会における自治体・国・国際機構の三政府レベルについての一般理論書で「自治体の政策研究」の基礎理論書でもある。（一九九一）

7、「戦後自治体改革史」鳴海正泰（日本評論社）

本書は戦後改革から七十年代の前半の時期までの自治体の歩みを、たんなる制度史としてでなく自治体を市民自治の政治機構への歩みとして跡づけている。（一九八二）

8、「地方分権の思想」鳴海正泰（学陽書房）

「自治体改革の軌跡と展望」と副題された本書は著者の「戦後自治体改革史」とともに自治体の歩みを認識するに必読である。（一九九四）

9、「公共性の政治経済学」宮本憲一編著（自治体研究社）

公共とは何か、公共性とは何か、市民の公共性とは何かについての討論記録。（一九八九）

10、「特集・自治体の政策形成へむけて」都市問題調査報（94／3）札幌市企画局都市研究室発行

11、「自治体革新の政策と構想」地方自治センター編集（公人社）
一九八八年三月号で休刊した革新市長会の「月刊・地方自治通信」の22年二二〇号のなかから選んだ総集である。八三本の「論文・対談」が収録されている。市民自治の理論、市民参加と職員参加の政治手続き、市民福祉の定着、自治体政策の多様化と自立、が論じられ語られている。（一九八九）

12、「資料・革新自治体」地方自治センター編（日本評論社）
一九六〇から一九八五年までの革新自治体の先駆政策が詳細収録されている。さながらに自治体の政策自立史である。（一九九〇）

13、「フロンティア180」北海道町村会編
地方自治と自治体政策を考える全国唯一の町村職員の政策情報誌で市民にも道府県職員にも有益な情報誌。（季刊）

14、シリーズ「自治を創る」（学陽書房）
1自治体の国際政策　2市民文化と文化行政　3市民のすまいと居住政策
4市民参加と自治体公務　5自治体の施策と費用　6都市デザインと空間演出
7自治体職員と組織開発　8地域活性化と地域経営　9自治体と水・土地・資源
10自治体の法務と争訟　11市民生活と自治体責任　12自治体の政策形成
13自治体の政府間関係　14自治体の情報政策　15市民の安全・環境

著者紹介

森　啓（もり・けい）

一九三五年生まれ。

北海学園大学法学部教授。（自治体政策学）

一九六〇年、中央大学法学部卒業。神奈川県庁に入庁、文化室主幹、自治総合研究センター研究部長、埋蔵文化財センター所長、一九九三年、北海道大学法学部教授、一九九八年より現職。

主な著書に『文化行政とまちづくり』（一九八三年、時事通信社、共編著）、『文化ホールがまちをつくる』（一九九一年、学陽書房、編著）、『自治体の政策研究』（一九九二年、公人の友社）など。

刊行のことば

「時代の転換期には学習熱が大いに高まる」といわれています。今から百年前、自由民権運動の時代、福島県の石陽館など全国各地にいわゆる学習結社がつくられ、国会開設運動へと向かう時代の大きな流れを形成しました。学習を通じて若者が既成のものの考え方やパラダイムを疑い、革新することで時代の転換が進んだのです。

そして今、全国各地の地域、自治体で、心の奥深いところから、何か勉強しなければならない、勉強する必要があるという意識が高まってきています。

北海道の百八十の町村、過疎が非常に進行していく町村の方々が、とかく絶望的になりがちな中で、自分たちの未来を見据えて、自分たちの町をどうつくり上げていくかを学ぼうと、この「地方自治土曜講座」を企画いたしました。

この講座は、当初の予想を大幅に超える三百数十名の自治体職員等が参加するという、学習への熱気の中で開かれています。この企画が自治体職員の心にこだまし、これだけの参加になった。これは、事件ではないか、時代の大きな改革の兆しが現実となりはじめた象徴的な出来事ではないのかと思われます。

現在の日本国憲法は、自治体をローカル・ガバメントと規定しています。しかし、この五十年間、明治の時代と同じように行政システムや財政の流れは、中央に権力、権限を集中し、都道府県を通じて地方を支配、指導するという流れが続いておりました。まさに「憲法は変われど、行政の流れ変わらず」でした。しかし、今、時代は大きく転換しつつあります。そして時代転換を支える新しい理論、新しい「政府」概念、従来の中央、地方に替わる新しい政府間関係理論の構築が求められています。

この講座は知識を講師から習得する場ではありません。ものの見方、考え方を自分なりに受け止めてもらう。そして是非、自分自身で地域再生の自治体理論を獲得していただく。そのような機会になれば大変有り難いと思っています。

「地方自治土曜講座」実行委員長
北海道大学法学部教授　森　啓

（一九九五年六月三日「地方自治土曜講座」開講挨拶より）